" रूह का सफ़र "

मुसाफ़िरों से कहो अपनी प्यास बांधे रखे

Dhiraj Khandelwal

BookLeaf Publishing
India | USA | UK

Made with ❤ on the BookLeaf Publishing Platform
www.bookleafpub.in
www.bookleafpub.com

Dedication

" ये पुस्तक उन सब को समर्पित जिन्होंने रूह को पहचाना और इस सफ़र का हिस्सा हुए "

Preface

ये पंक्तियां जीवन का एक हिस्सा है जो अलग अलग वक्त में गुजरने वाले लम्हों और पलों से बुने हुई है

Acknowledgements

इस सफ़र में अनगिनत लोगों से मुलाकातें हुई और उनके रूबरू होकर उनके बारे में जाना और उनसे प्रेरित होकर ये पंक्तियां जेहन में अवतरित हुई और आपके समक्ष आ पाई

मैं शुक्रगुजार हूं आप सबका जो इसको पढ़ पाए और इस तक पहुंच पाए

शुक्रिया !!

1. बातें

जो बातें हिस्सा हुआ करती थी
वो अब किस्सा हुआ करती है
जो बरसती थी बिना सोचे समझे
अब वह बदली छत ढूंढा करती है

.

©धीरज १४/०४/२०२४

जिन से मिलने से घबराता हूं
डर सा जाता हूं
जाने क्यों सबसे छुपा कर रखता हूं
चंद शब्द, कुछ यादें और तस्वीरें

.

©धीरज १०/१०/२०२३

बेकरार बेकरारी पे एक हसीं करार सा छाया
मचली हुईं हसरतों ने जैसे जवाब कोई पाया
तन्हा चांद ने सोए हुए ख्वाबों को आज जगाया
अनजाने में ही सही...जाने कैसे
जब लबों पे तुम्हारे... "तुम्हारे" लिखा आया

.

©धीरज ०७/१०/२०२३

"कहने की जो बातें होती, कह दी जाती वो अगर
वो इंतजार कहां होता, जो दो जहां का अब है हमें"

.

©धीरज २२/०७/२०२५

2. पुष्प

बेवक्त ही तोड़ा किसी ने मुझे,
अंदर का माली हुआ खुश !
बैठक में अतिथियों के लिए
गुलदान में सजा कर मालकिन हुई खुश !
चढ़ा कर मंदिर में
भक्त हुआ प्रसन्न, ईश्वर हुआ खुश !
वरमाला डाल कर
वर हुआ स्वामी, वधु हुई खुश !
लगा कर जुल्फों में
आशिक हुआ चौड़ा, प्रेमिका हुई खुश !
अंतिम यात्रा में शव पर चढ़ा
जीने वाले और मरने वाला दोनों हुए खुश !
मेरा जीना डाल पर, मेरा मरना खुद ही ढल कर
नापाक हाथों में लेकर,उम्र से पहले ही मार कर
कातिल बन, क्यों हो रहे हो तुम इतना खुश!!
.
©धीरज २२/०९/२०२३

3. रिश्ते

साथ हुआ और मिलाप हुआ
दीया जला बाती संग
काया चले माटी संग
चकोर ताक रहा चंदा को
चिड़िया भी कुक रही भोर को
हरी भरी धरा कहां बादलों से जा जुड़ी
पंछी की उड़ान भी, सूरज चांद का अभिमान भी
कहां हो पाया बिना आसमान
खूबसूरत जहां और भी खूबसूरत जब दो साथ हुए
इस अकेले सफ़र में जब कोई दो हमसफ़र हुए

.

©धीरज ०४/०४/२०२४

छाते की तरह हर रिश्ते का रहा
खोला गया जब धूप हुई
या फिर जम कर बारिश हुई
वरना तह कर कौने में खड़ा किया

.

©धीरज ०८/०६/२०२३

दिखता था हरा-भरा सा, खुशहाल बड़ा
एक पेड़ था सदियों से खड़ा
बारिशों में वो,
कभी ठीक से भीगा नहीं
बयार चली पर,
झूम कर कभी लहराया नहीं
एक घोंसला भी
उसकी डाल पर कभी बन न पाया
छोटी सी छांव
भी किसी को वो दे ना पाया
दिखता था हरा-भरा सा, खुशहाल बड़ा
एक पेड़ था सदियों से खड़ा

.

©धीरज ०४/०९/२०२२

धीरे धीरे पनपते है, बड़े धीरे धीरे तब बनते है
रात में से होकर हर दिन को निकलते है ये रिश्ते
आहिस्ता से हर रात को बुनते है तेजी से हर दिन गुज़ार देते है
बेहद बोलते है या फिर ख़ामोश से रहते है ये रिश्ते
चटकदार उजाले की तरह चमकते है या काली स्याही से होते है

बेहद हसीन है या कुछ गमगीन होते है ये रिश्ते
सामने पड़ते है तो एकटक देखते है या छुप छुप कर पीछा करते है
खूब खेलते है या तनहाइयाँ झेलते है ये रिश्ते
हल्के हल्के से थोड़ा सींचना भी है थोड़ा सहलाना भी तो है
मज़बूत दिखने वाले बड़े नाजूक से होते है ये रिश्ते
धीरे धीरे पनपते है, बड़े धीरे धीरे तब बनते है
रात में से होकर हर दिन को निकलते है ये रिश्ते

.

©धीरज २२/०८/२०१८

शाखाएँ शाखाओं में ऐसे लिपटी हुई है
मानो कई रिश्ते बसते थे यहां
ये हरि भरी पत्तियां मानो गुनगुना रही है
ये दरवाजे भी खुलते थे कभी
इन खिड़कियों से भी झांकता था कोई

.

©धीरज २६/०८/२०२५

4. शहर

बेहद सुकून पाता हूँ अपने शहर की तंग गली में

कई ख़्वाबों की टोकरी लेकर
सचिया आज भी दिखती है भँवर के साथ
क़ोई छोड़ जाता है रोज़ चारा
गौरी भी आती है इसी तलाश में
दिन दयाल जी की कमज़ोर आँखें भी
तलाशती है शरारती बच्चों को
मिला नहीं कभी पर, बरसो से जानता हूँ
दवे और जोशी साहिब को
कुछ नहीं बदला पर, सब बदल गया
सचिया है ना ही भँवर, दिन दयाल जी भी ना रहे
सुना है गौरी भी नहीं आती यहाँ
ख़ाली पड़े बरामदे, बंद पड़ी खिड़कियाँ
कुछ तार झूलते है इधर उधर और उनपे पड़े उलझे ख़्वाब

फिर भी, बेहद सुकून पाता हूँ अपने शहर की तंग गली में

.

©धीरज २१/०२/२०१९

गाड़ी के रुकते ही बाहर देखा तो कुछ मकान दिखे
रहता होगा इनमे भी कोई

सर्दियों में कंबल लपेटे धूप का इज़हार करते
गर्मियों की छुट्टियों में शाम का इंतज़ार करते
सुबह टहलने निकलती होगी एक उम्र
जहाँ खिडकी पर अम्मा बाल संवारती होगी
एक बरामदा मासूम सवाल लेकर
रोज आँगन को देखा करता होगा

गाड़ी के रुकते ही बाहर देखा तो कुछ मकान दिखे
रहता होगा इनमे भी कोई

.

5. रंग

"रंग गई उस रंग में की मेरा कोई रंग न रहा
संग हुआ उसका ऐसा की कोई संग न रहा
जिस्म से हुई पराई और रूह में उतर गई
जमीं जमीं न रही आसमां आसमां न रहा"

.

©धीरज २२/१०/२०२३

मेहताब की तन्हां तन्हां गुलाबी सी शब थी
यकीं हमें भी था वो निस्बत में हमारे थी
ये गुमान था उनको नज़र हमारी उन्हीं पर थी
बहाने सारे, वादे कसमें कर दिए थे किनारे
उस रात चांद तारे सारे हुकुम में थे हमारे
बस! उनके हमारे बीच
फूलों की एक नाज़ुक लड़ी भर थी

.

©धीरज ०१/०६/२०२४

6. तनहाइयाँ

तनहाइयाँ सिसकती रही देर तक
गहरी रातों में चाँद भी रोता रहा
सदियों से धड़कते हुए दिल को
बरसों से दफ़न पड़े अरमानो को
एक सुबह की तलाश थी--पर,
वो सुबह आ नहीं पायी
वो सुबह आ नहीं पायी

.

©धीरज ०२/१२/२०१८

तलाशते तलाशते ये आँखे देखो कहाँ आकर ठहरी है
यह तेरी गली नहीं पर जाने क्यूँ यहाँ आकर रुकी है

जाने कौनसा मंज़र है जाने कौनसा आँगन
बंजर बंजर है चुपचाप खड़ी है
बातों के, कुछ यादों के यहाँ वहाँ पड़े है सूखे पत्ते
जाने क्या आस में झुकी है टकटकी बाँध कर

तलाशते तलाशते ये आँखे देखो कहाँ आकर ठहरी है
यह तेरी गली नहीं पर जाने क्यूँ यहाँ आकर रुकी है

.

©धीरज २४/०२/२०१९

खाली इस मकान में कभी तो कोई रहा होगा...
कोई तो तकता होगा आसमा को,
पेड़ की छाया में उतारता होगा दिन भर की थकान,
कदम से कदम मिलाता होगा बहते पानी के साथ...
अक्सर उतरता हूं
अनगिनत सवालों को लिए इन सीढ़ियों से और
खड़ा हूं इस पेड़ की तरह जो बरसों से ताक रहा है
की
कभी तो खूलेंगी जवाबों की यह खिड़कियां...
कभी तो कोई सवाल करेगा ये दरवाज़ा

.

©धीरज २४/०२/२०१९

7. धूप

यादों की पोटली लेकर
धूप मेरी देहरी पर बार बार आती हैं,
साँझ सवेरे हर रोज़
मुझे पकड़ कर अपने पास बेठाती है
ग़म हो या ख़ुशी हो
टकटकी लगा कर मुझे देख, मुस्कारती हैं
यादों की पोटली लेकर
धूप मेरी देहरी पर बार बार आती हैं,

.

©धीरज ४/०१/२०१५

वो उचकर बेठ गए टहनियों पर और दुनिया देखने लगे
गिरते पत्ते और झड़ती धूप
उनके बालों को छूती रही,
हवेली के झरोखों से पवन उनको
सहलाती रही
हमारी आँखे उनको एकटक करती रही,
उनको सम्भालती रही
वो उचकर बेठ गए टहनियों पर और दुनिया देखने लगे

©धीरज ०१/०६/२०१६

8. स्मृतियाँ

©धीरज
वहां कोई शब्द थे ना कोई शोर,
बस एक मौन था जो सब कुछ कह गया
पत्तों की परछाइयाँ, फूलों की मुस्कान,
परत दर परत बदन से सरकती गई
और वो खुद वसंत बन गई
साँसो और स्मृतियों के बीच, ख़ुशबू और खामोशी –
जैसे एक दूसरे के बाँहों में बाहें डालकर बैठ गई।

.

©धीरज २९/०५/२०२१

वो देख रहे थे कुछ इस तरह की
तमाम लम्हे टकटकी लगा उन्हें देखने लगे
कुछ सोच कर जब उन्होंने देखा इस तरफ़
कायनात और क़यामत उलझने से लगे
नज़रों को उठा कर लब जो मुस्करा पड़े
सूरज रुका और चाँद झुका
वो उतर गये मुझमें और महसूस होने लगे

.

©धीरज २९/०५/२०२१

9. धुआँ

धुआँ धुआँ एक शाम थी धुआँ धुआँ हर बात थी
भागती दौड़ती रोशनियों के बीच रुकी रुकी सी एक आस
थी

हर एक कश बेशक कश पे कश था
उड़ती रही रात भर
हर कश में छुपी तेरी आवाज़ थी

इस तरह आ खड़े थे हम आँखों में समेटे कई रुस्वाइयाँ
की अश्कों के साथ
गिर रही हमारी हर साँस थी

गहरे घने अंधेरे में धुआँ धुआँ उड़ती देखी शाम जो
हमारा एक वजुद थी
और हमारी ही पहचान थी

©धीरज १९/०२/२०१९

10. इबादत

एक इबादत ऐसी भी हो जो रोशन हो उठे
जैसे रोशनियों का एक काफ़िला आसमां में आ ठहरा हो
मैं बनकर किसी चिराग सा या किसी दिए की तरह
रौशन हो जाऊं हर तरफ़, फिर चाहे अंधेरा मुझ में गहरा हो
.
©धीरज २४/०१/२०२४

11. चेहरे

"वो चेहरे मेरे आस पास रहने दो...सांस वो लेते है...जिंदा मैं रहता हूं"

.

©धीरज २४/०७/२०२५

जब शाम भी धुआं धुआं और रात भी उदास रहती हो
तभी दूर वादियों से उतरता है एक चेहरा
कुछ कहता है मुस्करा कर शाम को
बड़ी नज़ाकत से सुनता है रात को
तब जाकर कहीं आसमानों को नींद आती है

.

©धीरज ०६/१०/२०२२

दीवार की उस ओट में
वो आधा अधूरा चेहरा...लिए अनकही सी बात और अधूरे जज़्बात...
जैसे हो उड़ते बिखरते पत्ते और जलते हुए पुष्प

©धीरज ०५/१०/२०२२

12. त्रिकोणीय

त्रिकोणीय ज़िंदगी है...
सब त्रिकोण है
कभी लाल, कभी पीली और कभी काली...
ये सफर भी त्रिकोणीय है...
अगर हम पीले में है तो काले या लाल की इच्छा...
कभी हम लाल में है तो पिले और काले की...
कभी हम काले से नहीं निकल पाते या
फिर लाल या पीले तक नहीं जा पाते...
त्रिकोणीय जिंदगी है...
सब त्रिकोण है

.

©धीरज १०/१०/२०२३

13. इमरोज़

सब देखा इमरोज़ तुमने पर
तुमने अपनी अमृता के खुले बालों को न देखा
जो तुम्हे शुरू से पसंद थे...
उन झुमकों को भी कहां देखा जो तुमने ही तो दिए थे...
वो साड़ी.. वो अंगूठी...
माथे पर काली बिंदी और मेरी रोई हुई उनिंदी आंखें...
क्यों नहीं देखा वो सब तुमने इमरोज़...
वो जिस्म था जो चला गया...
रूह कहां जा पाई...
मैं थोड़ी गई भी और बहुत सी रह भी गई...
ये न देखा तुमने फिर वो क्यों देखा इमरोज़...

.

©धीरज २३/०९/२०२५

14. ख्वाइश

चाहे हजारों बदसूरत लकीरों के बीच हो तुम
पर जब भी तुम एक इबादत सी ख्वाइश करो
तो तमाम खूबसूरत पल
अनगिनत फूल बन तुम्हारे तरफ चल पड़ेंगे

.

15. सुनहरी

सुनहरी लौ...
जो दिखती सुनहरी है पर
अपने आप में एक ताप होती है...
अपने में एक गहरी गर्माहट होती है
निरंतर जलती है... रोशन करती है और
जला कर राख भी कर देती है...
सुनहरी लौ...

.

16. टिंकी,रिंकी और मिंकी

ऊंचे पर्वतों के तलहटी में...
कतारों में खड़े देवदार के पेड़ और
उन पेड़ों के बीच से गुजरती एक नदी
जो झील सी नजर आती है...
इसी झील में तैरती तीन बतखें
टिंकी,रिंकी और मिंकी...
शांत से जीवन में कुछ तरंगें सी पैदा करती है...
और रुके हुए मंजर में एक हलचल मचा देती है
.
©धीरज २३/०९/२०२५

17. लता, कुसुम और सुमन

बिजली के झूलते तारों
झरोखों और टिमटिमाती रोशनियों के बीच...
रंग बिरंगे और कुछ बेहिसाब कपड़े बालकनी में सूखते हुए।
कुछ दुकानों और
उन दुकानों में लटकते सामान और उनके इश्तहारो...
और कुछ गुजरते हुए लोगों के बीच
लता, कुसुम और सुमन जो दुनिया से बेखबर,
अपनी खिलखिलाहट और मुस्कुराहटों में गुम...
अपनी ही किसी बातों के बेहिसाब पेच में उलझी हुई...
खुशनुमा लिबास ओढ़े किसी खुशबू की तरह बहती जा रही है
उस भीड़ के साथ साथ
मैं भी शायद ये अंदाजा लगा रहा हूँ कि
कुसुम का रोका हुआ है और वो दुल्हन बनने वाली है...

.

©धीरज २/०९/२०२५

18. मनमर्ज़ियाँ

एक चेहरा जो बर्फ़ से सजी पहाड़ियों से होकर वादियों में
उतरता है...
बहती नदी के किनारे किनारे चलता है...
पतझड़ में किसी बहार सा,
डालियों से झुकते मुस्कराते फूलों सा..
आ खड़ा होता है खिड़की पर
झांक कर देखता है उस गली में और
अपनी आंखों से उठा लेता है
मेरी सिलवटों से भरी चादर को...
जिनमें लिपटी हुई मेरी कुछ मनमर्ज़ियाँ थी

©धीरज १९/०२/२०१९

एक चेहरा...एक साया सा....
पश्मीने की शॉल में लिपटा...
वादियों में फैले हुए कोहरे में
कभी दिखता और कभी बोझिल होता...
पत्तों की सरसराहट में अपनी आहट को छुपाता...
बंद आंखों से अपनी सभी कहानियों को सुनाता

मेरे दरमियान आ खड़ा होता है...
एक खामोशी...और कुछ ओस की बूंदें थी
एक अहसास...और कोहरे की हल्की सी सनसनाहट थी
जिनमें लिपटी हुई मेरी कुछ मनमर्ज़ियाँ थी

©धीरज १९/०२/२०१९

19. सफ़र

एक लम्हा !!
वो एक सफ़र !!
जब हुआ था शुरू तो लगा था अंत कब
अब अंत तो शुरुआत की एक और शब
अब... और एक लम्हा !!
अब...और एक सफ़र !!
.
©धीरज १६/०५/२०२४

20. लहर

एक लहर !!
कितनी भी पेचीदा हो पर लगती ख़ूबसूरत है

.

©धीरज १९/०२/२०१९

21. नीली आंधियाँ

कहते हैं... रेगिस्तान सिर्फ रेत से नहीं बना...
यहाँ कहानियाँ दबी हैं...
और तीन नीली आंधियाँ...
जो चलते हुए दिखती हैं...
इन बेफिक्र आंधियों में...
जो इनके पास गया...वो लौटा नहीं...
नीली साड़ी...चमकती आँखें...
और मुस्कान...तुम्हें बुलाती हैं...नाम लेकर...
जैसे जन्मों से जानती हों...
तुम कदम बढ़ाते हो...और फिर सब कुछ...
धुंधला हो जाता है...
तुम्हारा नाम...तुम्हारी परछाईं...
सब...नीले आग़ोश में खो जाता है...
और पीछे...सिर्फ एक नीला रूमाल बचता है...जिस पर
नाम लिखा होता है...
...तुम्हारा...

.

©धीरज १९/०२/२०१९

www.ingramcontent.com/pod-product-compliance
Lightning Source LLC
La Vergne TN
LVHW050827051026
849532LV00008B/3157
* 9 7 9 8 9 0 0 8 1 5 6 6 4 *